Till und Tina

Im Zauberwald

Produktion und Idee: ProLog,
Olpener Straße 124, 51103 Köln

Autorin: Elisabeth Wilhelm
Illustrationen: Carsten Märtin
Satz: Sigrid Hecker

ISBN 3-89717-387-5

Printed in Germany
10 9 8 7 6 5 4 3 2 1

Elisabeth Wilhelm

Till und Tina
Im Zauberwald

Ein Sprachförder- und Vorlesebuch

mit Illustrationen
von Carsten Märtin

ProLog im FLEURUS VERLAG

Elisabeth Wilhelm hat nach dem Studium der Germanistik und Geschichte (M. A.) die Ausbildung zur Logopädin in Köln gemacht. Sie ist in einer logopädischen Praxis in Königswinter sowie als Lehrlogopädin für Kindersprache und Myofunktionelle Therapie an der Logopädenfachschule in Bonn tätig. Bisher hat sie zwei Übungsbücher zur Dysgrammatismustherapie veröffentlicht („Der Grammatik-Gourmet", Band 1 und 2).

Carsten Märtin wurde 1961 in Delmenhorst geboren. Nach seinem Studium an der FH für Gestaltung in Hamburg ist er seit 1996 als Illustrator für verschiedene Kinder- und Schulbuchverlage tätig. Besonders viel Kritikerlob erntete er für seine geniale Umsetzung von Kurt Schwitters „Die Geschichte vom Hasen". Märtin lebt in Oldenburg.

Vorwort

Liebe Eltern,

wir hoffen, dass Ihr Kind und Sie viel Spaß mit diesem Buch haben und dass das Interesse an Büchern und die Freude am sprachlichen Ausdruck beim Vorlesen dazugewinnen!

Hier ein paar Vorschläge, wie Sie mit der Geschichte von Till und Tina umgehen können:

- Sie können sie einfach wie ein normales Bilderbuch mit Ihrem Kind zusammen lesen und anschauen.
- Sie können sich durch die kleinen Aufgaben anregen lassen, mit Ihrem Kind über das Buch ins Gespräch zu kommen.

Die Aufgaben dienen der Sprachförderung in mehreren Bereichen:

- allgemeine Erzählfreude
- Wortschatz
- phonologische Bewusstheit, also die Entwicklung der Fähigkeit, formale Eigenschaften der Sprache zu erkennen, wie z. B. Reime oder Anlaute
- Gedächtnis

Die beiliegenden Spielkarten sind zur Lösung mancher Aufgaben erforderlich, können jedoch auch unabhängig vom Buch zu verschiedenen Spielen verwendet werden.

Manche Aufgaben sind interessanter, wenn man den Fortgang der Geschichte noch nicht kennt, weil man selbst dazu Ideen entwickeln kann. Viele lassen sich jedoch auch dann noch mit Spaß lösen, wenn man schon das ganze Buch gelesen hat.

Nicht zuletzt soll dieses Buch Sie dazu anregen, mit anderen Bilderbüchern ähnlich umzugehen, d. h. das Vorlesen zu einem Vergnügen zu machen, bei dem das Kind aktiv und kreativ mit Sprache spielt. Vielleicht bekommen Sie auch Lust zum Erfinden eigener Geschichten oder zum freien Erzählen!

Liebe ErzieherInnen,

auch mit kleinen Gruppen von Kindern kann es spannend sein, sich mit der Geschichte und den Aufgaben zu beschäftigen.
Wenn Sie sich entschlossen haben, im Kindergarten bereits das Fundament für eine gute schulische Entwicklung der Kinder zu legen, kann dieses Buch zur Sprachförderung beitragen, ohne den „Spaßfaktor“ zu vernachlässigen.

Im Zauberwald

Tina und Till werden früh am Morgen wach und merken, dass im Haus noch alles still ist. Stimmt ja! Gestern haben die Ferien begonnen – Schule und Kindergarten sind geschlossen. Mama, Papa und der große Bruder Bastian schlafen wohl noch. Draußen scheint die Sonne und ein paar muntere Vögel zanken sich vor dem Fenster. Till springt aus dem Bett. „Das ist ein Tag, an dem man etwas unternehmen müsste“, seufzt er. „Ja!“, ruft Tina, „und ich weiß auch schon, was.“ „Ist es etwas, was mir auch Spaß machen könnte?“, fragt Till skeptisch. Denn nicht alle Ideen seiner Schwester sind nach seinem Geschmack.

Jetzt bist du dran:

Welche Idee könnte Tina haben?

Was würdest du gerne einmal in den Ferien machen? Und wen würdest du am liebsten dabei haben?

„Wir packen unseren Rucksack und fahren mit dem Bus zum Wald – dahin, wo wir manchmal sonntags wandern gehen. Wir erleben bestimmt ein Abenteuer, wenn mal endlich keiner der Großen dabei ist!"
„Meinst du wirklich?", fragt Till ein wenig besorgt. Aber Tina ist so begeistert, dass er sich schließlich überreden lässt. „Also, was packen wir ein?", fragt er. Er schaut sich suchend im Zimmer um und schnappt sich schließlich seinen gelben Rucksack. Schnell ist er gepackt und es kann losgehen.

Jetzt bist du dran:

Hilf Till und Tina beim Rucksackpacken! Die Karten werden an die Mitspieler verteilt. Der erste Spieler legt eine Karte (z. B. mit der Hose) mit dem Motiv nach oben auf das Rucksack-Bild der Seite 13 und sagt: „Ich packe in meinen Rucksack eine Hose." Anschließend wird die Seite 11 darüber gedeckt und der nächste nimmt eine Karte (z. B. mit dem Buch) und sagt: „Ich packe in meinen Rucksack eine Hose und ein Buch." Dann legt er seine Karte ebenfalls auf das Rucksack-Bild. Jeder Spieler zählt die Gegenstände seiner Vorgänger in der richtigen Reihenfolge auf, bevor er einen neuen Gegenstand hinzufügt. Anhand der auf dem Rucksack liegenden Karten kann man überprüfen, ob nichts vergessen wurde. Als Steigerung kann man das Spiel auch ohne Karten spielen.

Till und Tina machen sich auf den Weg zur Bushaltestelle. Keine Kinder sind wie sonst auf dem Weg zur Schule und es sind kaum Erwachsene zu sehen. Wie leer die Straßen heute sind!

Auch im Bus sitzen an diesem Morgen noch keine Leute und es ist viel stiller als sonst. Tina und Till setzen sich ganz hinten auf den letzten Sitz. „Ich schlaf noch eine Runde“, sagt Tina. Der Bus ruckelt los und beiden fallen die Augen zu. Auf der ganzen Strecke steigt niemand ein, es ist nur das gleichmäßige Motorbrummen zu hören. So schrecken beide auf, als der Bus schließlich an der Endstation, dem Wald, anhält.

„Alles aussteigen! Die Fahrt endet hier!“, ruft der Busfahrer und packt sein Frühstücksbrot aus.

Schlaftrunken greift Till nach dem Rucksack und stolpert zusammen mit Tina nach draußen. Er schaut sich verwundert um. „Sind wir in den falschen Bus gestiegen?“ Auch Tina reibt sich die Augen. „Kneif mich bitte einmal fest in den Arm!“, bittet sie ihren Bruder, „damit ich sicher weiß, dass ich wach bin.“ Till kneift sie so kräftig, dass Tina aufschreit. „Genug! Jetzt bin ich sicher, dass wir uns in den falschen Bus gesetzt haben. Hier sieht alles ganz anders aus als sonst!“

Jetzt bist du dran:

Finde die Unterschiede! Schau dir die nächste Doppelseite an: Was sieht auf dem rechten Bild anders aus als auf dem linken? Auf der Seite 78 kannst du prüfen, ob du alles erkannt hast.

„Das kann nicht sein!“, erwidert Till, „ich weiß genau, dass wir wie immer die Linie 4 genommen haben.“ Kaum hat er zu Ende gesprochen, hoppelt ihm ein Hase vor die Füße. Er grinst freundlich und sagt: „Na, wo wollt ihr denn hin?“ Till ist erst einmal sprachlos und auch Tina bekommt große Augen. Dann ruft sie: „Jetzt weiß ich, wo wir sind! Nur im Zauberwald können Tiere sprechen.“ „Volltreffer!“, sagt der Hase. „Habt ihr noch nicht gemerkt, dass auch einiges andere hier nicht so ist wie sonst?“ Till und Tina wissen nicht, was sie sagen sollen. Was sie sehen, ist nicht nur anders als sonst – es ist geradezu verrückt!

Jetzt bist du dran:

Erzähle, was alles verrückt ist! Beschreibe möglichst genau, wo etwas nicht stimmt. Benutze dabei nach Möglichkeit die Wörtchen „auf“, „unter“, „neben“, „zwischen“, „hinter“ ...! Auf den Seiten 78 bis 79 kannst du nachprüfen, ob du alles erkannt hast.

„Wenn ihr wollt, zeige ich euch, was es im Wald alles gibt und wovor ihr euch in Acht nehmen müsst," sagt der Hase und schon hoppelt er mit Tempo voraus. Tina und Till kommen kaum nach – da bleibt der Hase plötzlich stehen. „Versteckt euch hinter einem Baum und schaut nach rechts. Da seht ihr das Hexenhaus von Grusilla. Sie ist die fürchterlichste Hexe, die ich kenne, aber in ihrem Hexenhaus gibt es wunderbare Dinge. Ihr müsst abwarten, bis sie mit ihrem Besen davonfliegt, dann könnt ihr euch umsehen."

Jetzt bist du dran:

Während die Kinder warten, malt Till auf Tinas Rücken mit dem Finger eines der Symbole vom Dach des Hexenhauses auf. Tina muss sagen, um welches Symbol es sich handelt. Das kannst du auch spielen.

Welche Figuren, die auf deinen Rücken gemalt wurden, fühlen sich ähnlich an, welche verschieden? Merkst du den Unterschied zwischen runden und eckigen Formen? Kannst du auch Buchstaben, die auf deinen Rücken gemalt werden, erkennen?

Endlich öffnet sich die Tür: Die hässlichste Hexe, die man sich vorstellen kann, tritt heraus. „Merkt euch gut, wie sie aussieht!", sagt der Hase. „Sie hat nämlich eine Zwillingsschwester, Lubilla, die ihr sehr ähnlich sieht, aber in Wirklichkeit eine gute Fee ist. Wenn ihr Lubilla begegnet, erfüllt sie euch einen Wunsch oder schenkt euch einen Zaubergegenstand. Aber wehe, ihr geratet an die Falsche!!!"

Tina und Till schauen die Hexe angestrengt an, obwohl sie so böse aussieht, dass sie am liebsten davonlaufen würden. „Jetzt könnten wir ein Fernglas gebrauchen, damit wir auch nichts übersehen", flüstert Tina.

Jetzt bist du dran:

Beschreibe die Hexe und merke dir genau, was du siehst! Welche Kleider trägt sie? Welche Farben haben die einzelnen Kleidungsstücke? Was gefällt dir, was findest du hässlich? Welches Tier begleitet die Hexe? Auf der Seite 80 sind einige Lösungsvorschläge.

Schon schwingt sich die Hexe auf ihren Besen und saust in Windeseile davon. Als sie ganz sicher sind, dass sie nicht mehr zurückkommt, verlassen Till und Tina ihr Versteck und folgen dem Hasen zum Hexenhaus. Die Tür ist verschlossen, aber zum Glück weiß der Hase, wo die Hexe einen Schlüssel versteckt hat. Er lässt Till und Tina raten, wo er sein könnte. Nach mehreren Versuchen finden sie ihn schließlich.

Jetzt bist du dran:

Grusilla hat nicht nur einen, sondern ganz viele Schlüssel in ihrem Garten versteckt. Auf der Seite 26 sind sie abgebildet. Schau dir die neun Schlüssel ganz genau an: Kannst du sie alle auf dem Bild auf der Seite 27 wiederfinden? Beschreibe, wo die Schlüssel liegen und benutze dabei die Wörtchen „in“, „über“, „vor“, „neben“, „zwischen“ ... Auf der Seite 82 kannst du deine Antworten überprüfen.

Welcher von den neun Schlüsseln öffnet wohl die Tür zum Hexenhaus? Tipp: Er hat eine Verzierung, die sehr gut zu Grusilla passt.

1
2
3
4
5
6
7
8
9

Mit dem Schlüssel öffnen sie vorsichtig das rostige Türschloss. Knarrend bewegt sich die Tür in den Angeln. Drinnen ist es stockdunkel und es riecht sehr merkwürdig. Eine Fledermaus huscht auf sie zu und stößt spitze Schreie aus. Tina wischt sich ein großes Spinnennetz aus dem Gesicht. Alles, was sie sehen können, ist nur schattenhaft zu erkennen. „Kann man hier kein Licht machen?“, flüstert Till und stößt gegen ein wackliges Möbelstück, das geheimnisvoll scheppert. Tina tastet sich an der Wand entlang.

Jetzt bist du dran:

Was gibt es alles im Hexenhaus? Vergleiche deine Vermutungen mit dem beleuchteten Bild auf der Seite 31!

Wie heißen die Dinge, die du siehst? Wo stehen, liegen oder stecken sie? Benutze zum Beschreiben die Wörtchen: „auf“, „unter“, „in“, „hinter“, „vor“, „neben“, „zwischen“, „über“.

„Nein!“, sagt der Hase. „Eine normale Lampe werdet ihr hier nicht finden. Aber wartet – ich schau mal in dieser Schublade nach.“

Er findet eine Kerze und zündet sie an. „Puh, das war ganz schön unheimlich!“, seufzt Till. „Hoffentlich kommt die Hexe nicht so bald zurück!“ „Nein, Grusilla besucht jeden Dienstag ihre Kusine Drakilla und kommt nicht vor dem Abend zurück. Ihr könnt euch in Ruhe umsehen“, sagt der Hase. „Aber vergesst nicht, alles wieder an denselben Platz zurückzulegen, damit die Hexe nicht merkt, dass sie Besuch hatte. Ich warte draußen vor der Tür auf euch.“

Jetzt bist du dran:

Schau dir das Bild genau an und merke dir, wo sich die verschiedenen Gegenstände befinden!

Tina schaut sich die verschiedenen Gegenstände im Hexenhaus genau an. Das Möbelstück, an das Till gestoßen war, ist ein Schrank voll mit merkwürdigen Instrumenten und kleinen, grünlich und violett leuchtenden Gläsern. Till zieht eine staubige Schublade auf. „Da liegt ja ein Zauberbuch!“, ruft er. „Toll, ich wollte immer schon zaubern lernen!“ Auch Tina ist begeistert. „Lass uns mal reinschauen!“ Obwohl ein ganzer Teil der Seiten herausgerissen ist, können Tina und Till die Anweisungen lesen. Tina entdeckt einen Zauberspruch, mit dem man alles vergrößern oder verkleinern kann: „Drücke fest auf eine Hupe, denk dabei an eine ...“ „Lupe!“, ruft Tina.

Jetzt bist du dran:

Schau dir das Zauberbuch auf den Seiten 34 bis 35 an. Dort findest du weitere Zaubersprüche. Suche bei den Karten die Bilder, die die passenden Reime für das Ende der Zaubersprüche haben. Auf der Seite 81 kannst du nachschauen, ob du die richtigen Reime gefunden hast. Dort gibt es auch noch einige Zaubersprüche.

MAN NEHME EINE BLAUE
MAN WISCHE MIT DEM ROTEN
MIT DER LILA-GRÜNEN ZAUBER
WIRF DEN KNOCHEN IN DIE

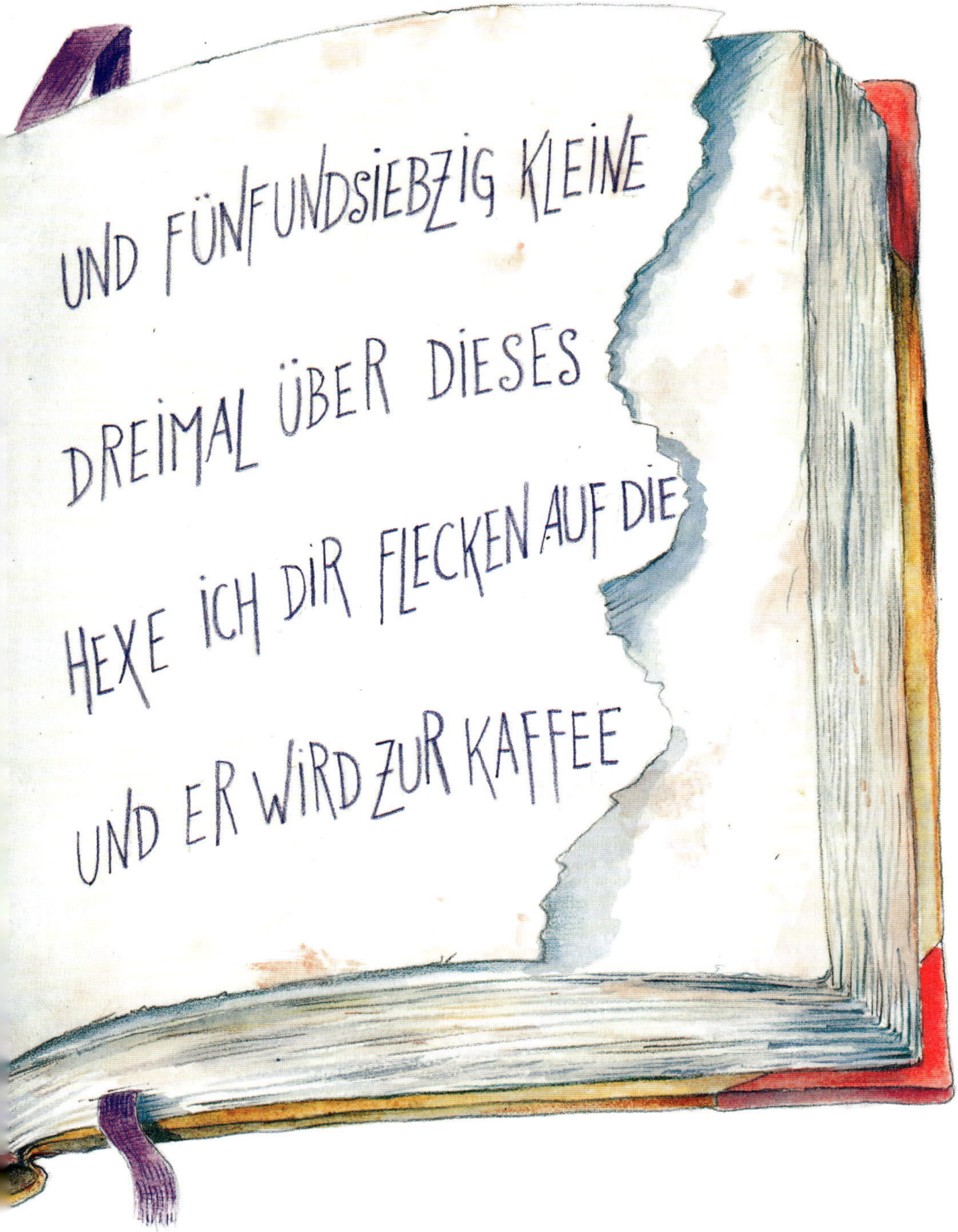
UND FÜNFUNDSIEBZIG KLEINE
DREIMAL ÜBER DIESES
HEXE ICH DIR FLECKEN AUF DIE
UND ER WIRD ZUR KAFFEE

„Aber wo ist hier eine Hupe versteckt?“ Sie durchwühlen alle Schränke und Schubladen, bis sie eine kleine rote Hupe gefunden haben. „Die Hupe probieren wir gleich aus!“, sagt Till. „Aber zuerst müssen wir alles wieder dahin legen, wo es vorher war.“ Sie machen sich ans Aufräumen. „So, nun ist alles wieder an seinem Platz. Wir verschwinden jetzt besser und nehmen die Hupe einfach mit. Die Hexe wird sie schon nicht vermissen. Sie lag ja so weit hinten im Schrank ...“

Jetzt bist du dran:

Ist wirklich alles wieder an seinem Platz? Was liegt an der falschen Stelle? (Tipp: Du kannst eine durchsichtige Folie auf das Bild legen und mit einem abwaschbaren Filzstift alles darauf ankreuzen, was sich an der falschen Stelle befindet. Dann legst du die Folie zur Überprüfung auf das Hexenhausbild von der Seite 31 und vergleichst. Oder du schaust dir die Lösungen auf der Seite 82 an.)

Till und Tina blasen die Kerze aus und verlassen das Hexenhaus. Knarrend schließt sich hinter ihnen die Tür. Der Hase wartet bereits ungeduldig: „Ihr habt euch aber gründlich umgeschaut! Mir ist schon ganz langweilig!“ „Wir haben ein Zauberbuch gefunden!“, ruft Till. Und sie erzählen dem Hasen, was sie über die zerrissenen Seiten herausgefunden haben. Dass sie eine Hupe mitgenommen haben, verschweigen sie lieber. Der Hase nickt und sagt geheimnisvoll: „Ja, ja – das alte Zauberbuch. Damit ist hier im Wald schon einiges verändert worden.“

Jetzt bist du dran:

Warum erzählen Till und Tina dem Hasen nichts von der Hupe? Kann es auch Spaß machen, etwas geheim zu halten? Gibt es Geheimnisse, die du spannend findest?

Schnell liegt der Schlüssel in seinem Versteck und der Hase übernimmt wieder die Führung. „Ich zeige euch zuerst einmal, welche Tiere hier noch im Wald leben", sagt er. „Die meisten haben noch keine schlechte Erfahrung mit Menschen gemacht und würden sie sehr gern kennen lernen." Er hoppelt vor ihnen her, bis sie zu einer großen Lichtung kommen. Dann holt er tief Luft und stößt einen besonderen Pfiff aus. Sofort kommen aus allen Ecken die verschiedensten Tiere hervorgekrabbelt, -gelaufen, -gekrochen oder -geflogen.

Jetzt bist du dran:

Welche der auf der folgenden Doppelseite abgebildeten Tiere kennst du? (Lösungen dazu auf der Seite 82.) Welche können fliegen, welche schwimmen und welche laufen? Welche Tiere, die auch auf den Karten zu finden sind, haben sich versteckt?

Nachdem alle Tiere benannt sind, schlägt der Hase ein Spiel vor. Er nennt ein paar Tiere, von denen jeweils eins mit einem Vokal beginnt, und dehnt dabei die ersten Laute: „Welches Tier fängt mit A an? Pfffffferd? Nnnnnashorn? Aaaaameise?". So lernt das Kind die fünf Vokale A, E, I, O, U herauszuhören und zuzuordnen.

Eine kleine Maus nähert sich zutraulich und lässt sich von Tina streicheln. „Wenn ihr möchtet, könnt ihr zu einer Tasse Mäusekaffee in mein Mauseloch kommen. Ich habe auch noch ein paar Nüsse von gestern, fast wurmfrei", sagt sie. Der Hase nickt und die Kinder folgen der Maus, die sie tief in den Wald hineinführt. Die Bäume stehen immer dichter, es wird dunkler und häufig müssen sich Tina und Till bücken, wenn Äste tief nach unten hängen. Längst ist kein Weg mehr zu erkennen und auch den Hasen haben sie aus den Augen verloren.

Jetzt bist du dran:

Kannst du dir vorstellen, wie ein Mauseloch von innen aussieht? Kennst du noch andere Tierbehausungen? Wo wohnen zum Beispiel ein Schwein, ein Vogel, ein Bär, ein Fuchs, ein Kaninchen, eine Spinne oder ein Frosch? Auf der Seite 80 kannst du deine Antworten überprüfen.

Endlich bleiben sie vor einem winzigen Loch stehen. „Oje, das ist ja viel zu klein für euch!“, piepst die Maus. Daran hatten sie alle drei nicht gedacht! Doch da blitzt es in Tills Augen auf, er zückt die rote Hupe, fasst Tina an der Hand und sagt: „Drücke fest auf eine Hupe, denk dabei an eine Lupe!“ Aber, o Schreck, was geschieht?! Tina und Till schauen auf ein paar winzige, spielzeuggroße Bäume herab. „Die Lupe hat uns vergrößert, wir sind Riesen!“, schreit Tina. „Reg dich nicht auf!“, sagt Till. „Wir versuchen es einfach noch einmal.“

Jetzt bist du dran:

Suche im Wald den Weg zurück zum Hasen! Starte am Mauseloch! Auf der Seite 83 kannst du nachschauen, ob du den richtigen Weg eingeschlagen hast. Vielleicht hast du auch noch Lust, die Wege zu den Nüssen zu suchen?

Sie suchen die Hupe, die Till vor Schreck aus der Hand gefallen ist. Sie ist so klein, dass sie hinter den Grashalmen kaum zu sehen ist. Mit ihren Riesenhänden tastet Tina vorsichtig um ihre Füße herum. „Da ist sie!", ruft Tina und ergreift sie. „Jetzt sage ich einmal den Zauberspruch. Vielleicht müssen wir dabei an etwas ganz Kleines denken." „Das ist eine gute Idee!", ruft Till und beide denken an die kleinsten Dinge, die ihnen je begegnet sind. „Drücke fest auf eine Hupe, denk dabei an eine Lupe!", sagt Tina.

Jetzt bist du dran:

Welche kleinen Dinge fallen dir ein? Welche sind kleiner, welche sind größer? Welche sind die kleinsten, welche die größten?

Welche kleinen und großen Tiere kennst du? Kennst du ein Zauberwortstückchen, das alle Dinge klein macht? (-chen, -lein)

Schwupp! Es gibt einen Ruck in ihrem Körper und sie stehen zwischen riesigen Grashalmen vor dem großen Mauseloch. Die Maus läuft ganz aufgeregt hin und her. „Ich habe schon gedacht, es ist aus mit mir, als ich eure riesigen Füße vor mir sah!", piepst sie und man kann noch den Schrecken in ihren Augen sehen. „Aber jetzt kommt erst mal herein zum Mäusekaffee!" Sie schiebt einen kleinen Vorhang beiseite und sie stehen vor einem gedeckten Tisch. Drei Nüsse und drei Tassen Mäusekaffee – wie versprochen!

Jetzt bist du dran:

Wie würde dir das Essen bei der Maus schmecken? Was würdest du lieber essen? Findest du unter den Karten welche, auf denen Lebensmittel zu sehen sind? Welche Gegenstände benutzt man zum Essen (Geschirr, Besteck)? Findest du sie auf den Karten?

ZÜND

Wie groß doch eine Nuss ist, wenn man selbst so klein ist! Die Kinder knabbern genüsslich daran und die Maus schenkt immer wieder vom köstlichen Mäusekaffee nach.

Nach dem ausgiebigen Schmaus fragt die Maus: „Wie sieht es aus – habt ihr Lust, noch den Rest meiner Höhle zu besichtigen? Ihr könnt dann zum Hinterausgang hinausgehen. Da liegt eine ganz besondere Lichtung. Mehr verrate ich noch nicht." Sie ziehen los durch schwach beleuchtete Gänge, bis sie am Ende einen hellen Lichtschein sehen.

Jetzt bist du dran:

Welcher Gang führt vom Kaffeetisch zum Ausgang? Welcher zum Schlafzimmer und welcher zur Vorratskammer? Die Lösungen findest du auf der Seite 83.

Hast du die Gänge gefunden? Kannst du schon die Richtungen beschreiben, die man einschlagen muss (rechts, links, geradeaus)?

Auf einer wunderschönen Wiese treten Tina und Till wieder ans Tageslicht. Die Maus winkt ihnen freundlich nach und ruft: „Viel Spaß noch!“

Aber was ist das? Da wachsen ja ganz merkwürdige Pflanzen! Till und Tina müssen sich erst einmal wieder groß zaubern, um einen Überblick über all die bunten Gewächse zu bekommen. Dann wissen sie, was so sonderbar ist: Die Pflanzen vor ihnen sehen wie Schultüten aus, groß wie Bäume! Manche sind schon ganz aus der Erde gewachsen, von anderen sieht man erst einen Teil. „Da möchte ich mal reinschauen!“, sagt Tina und sucht sich eine nicht zu große Tüte aus. Till klettert an einer baumgroßen Tüte hoch, öffnet sie und lässt sich hineinplumpsen.

Jetzt bist du dran:

Was könnte Tina in ihrer Schultüte finden? Und womit ist wohl die riesige Schultüte gefüllt, die sich Till ausgesucht hat?

„Lecker! Alles voller Süßigkeiten! Das wird eine Schlemmerei!“ Till findet Ostereier aus Schokolade, Gummibärchen in verschiedenen Geschmacksrichtungen, Knusperkugeln, Lakritzbonbons – genau seine Lieblingssorten! Er öffnet eine Pralinenschachtel und will gerade in eine dicke Schokoladenkugel beißen, da hört er plötzlich einen lauten Schrei. Tina! Schnell versucht er, aus seiner Tüte zu klettern, doch nicht schnell genug! Er sieht gerade noch eine Hexe, die Tina fest umklammert hält, auf ihrem Besen in den Wolken verschwinden.

Jetzt bist du dran:

Wie könnte es weitergehen? Wohin könnte die Hexe mit Tina fliegen?
Was wird Till jetzt wohl machen?

Till springt von der Tüte auf die Wiese. Was jetzt? Ihm ist zum Weinen zumute. Plötzlich steht der Hase wieder neben ihm. „Was ist passiert?“, fragt er. Till erzählt ihm aufgeregt, was geschehen ist. „Da hilft nur eins!“, sagt der Hase. „Ich führe dich zu dem Wunschkreiselbaum, damit du dich in einen Vogel verwandeln kannst, um hinterherzufliegen.“ Er hoppelt voraus, bis sie an ein kleines umzäuntes Grundstück kommen. Dort steht ein Baum, der aus der Ferne wie ein Apfelbaum aussieht. Die Äpfel sind jedoch Kreisel, wie Till erkennt, als sie direkt davor stehen. „Du musst über den Zaun klettern und dir ein paar Kreisel pflücken“, sagt der Hase. „Nimm dir die größten – die zaubern am besten.“

Jetzt bist du dran:

In welchen Vogel könnte Till sich verwandeln? In einen ganz großen oder in einen kleinen? Fallen dir mehrere Vogelarten ein?

Als Till drei dicke Kreisel gepflückt hat, erklärt ihm der Hase, dass man sich, solange sich ein Wunschkreisel dreht, etwas wünschen kann. „Binde dir die beiden anderen Kreisel mit dieser Schnur um den Hals. Als Vogel kannst du sie nicht mit den Händen tragen“, sagt der Hase und reicht ihm ein rotes Band. Dann erklärt er ihm, in welchem Baumhaus die Hexe Drakilla wohnt. „Grusilla ist bestimmt wieder zu ihr zurückgekehrt. Und du findest deine Schwester sicher auch dort.“ Till dreht den Kreisel und eine wunderbare Melodie ertönt, während der Kreisel bunte Muster entstehen lässt. Till wünscht sich mit aller Kraft, ein großer Vogel zu werden.

Jetzt bist du dran:

Was würdest du dir wünschen, wenn du drei Wunschkreisel hättest? Gibt es etwas, was du gern könntest? Gibt es ein Tier, in das du dich gerne verwandeln würdest?

Wenige Sekunden später steht ein großer Storch auf der Wiese und klappert mit seinem langen Schnabel. Um seinen Hals hängen an einer roten Schnur zwei Kreisel. Ein wenig unbeholfen stakst er voran, macht ein paar Flügelschläge und erhebt sich in die Luft. Till wollte immer schon fliegen können, aber jetzt macht er sich solche Sorgen um Tina, dass er es gar nicht genießen kann. Er schlägt kräftiger mit seinen Schwingen und kann nun einen großen Teil des Waldes überblicken. Er fliegt in die Richtung, die ihm der Hase erklärt hat. Schnell kommt er voran und hört schon bald die krächzenden Stimmen der beiden Hexen. Dazwischen ertönt das ängstliche Quaken eines Frosches.

Jetzt bist du dran:

Welche Tierstimmen kennst du noch außer dem Storchenklappern und dem Froschquaken? Kannst du Tierstimmen möglichst echt nachmachen? Kann dasselbe Tier auch verschieden klingen?

Die Hexen haben Tina in einen Frosch verzaubert! Sie sitzt hoch oben auf der Plattform des Baumhauses und schaut herunter auf die Wiese. „Zu tief zum Hinunterspringen! Was werden die Hexen mit mir machen?“

Die Hexen sitzen bei ihrem Kaffee und schmatzen laut ihren Hexenkuchen. Sie lachen hämisch, als sie Tinas verzweifeltes Quaken hören. Tina hat große Angst. Da hört sie plötzlich über sich ein lautes Geräusch: Flügelschlagen. Ein großer Storch nähert sich und packt sie fest mit seinem langen Schnabel. „Jetzt ist es aus mit mir!“, denkt sie noch und wird ohnmächtig.

Jetzt bist du dran:

Was hätten die beiden Hexen wohl mit Tina gemacht, wenn der Storch nicht gekommen wäre?

Till setzt sie vorsichtig hundert Meter weiter am Ufer eines kleinen Sees ab. „Hoffentlich haben die beiden Hexen nichts gemerkt!“, denkt er. Tina kommt langsam wieder zu sich, schüttelt sich und quakt leise. Zitternd schaut sie auf den Storch: Er will sie anscheinend nicht fressen – aber was tut er da? Till nimmt einen der beiden Kreisel, die er um den Hals hängen hat, setzt ihn auf den Boden und dreht ihn mit seinem langen Schnabel. Nach mehreren Versuchen klappt es. Wieder ertönt die leise Musik, die Till schon kennt, bunte Muster flimmern vor seinen Augen und er wünscht sich mit aller Kraft, dass Tina und er wieder zu Menschen werden.

Jetzt bist du dran:

Woran kannst du erkennen, dass der Frosch Tina und der Storch Till ist?
Auf der Seite 83 kannst du deine Antworten überprüfen.

Schwupp! Schon ist es geschehen. Tina ist erleichtert, als sie Till erkennt. Sie erzählt, was sie bei den Hexen erlebt hat: „Grusilla ist mit ihrem Besen nach Hause geflogen, weil sie ihre Brille vergessen hat. Dabei hat sie die Unordnung im Hexenhaus bemerkt und ist sofort losgeflogen, um die Täter zu finden. Auf der Schultütenwiese hat sie mich entdeckt und auf ihrem Besen zu Drakilla geschleppt. Die beiden machten sich einen Spaß daraus, mich in einen Frosch zu verwandeln und mir zu beschreiben, wie ich gleich in der Hexensuppe kochen würde. Ich hatte furchtbare Angst!" „Hoffentlich finden uns die Hexen nicht!", sagt Till.

Jetzt bist du dran:

Wie geht es weiter? Glaubst du, dass die Geschichte gut ausgeht?

Da hört man ein zischendes Sausen in der Luft und eine Hexe landet genau vor ihnen auf der Wiese. Die Kinder schreien auf: „Nein! Hilfe!“ Doch dann schauen sie genauer hin. Das ist nicht Grusilla, auch wenn sie ihr sehr ähnlich sieht. Lubilla steht vor ihnen und grinst freundlich. „Na, ihr seid aber schreckhaft!“, sagt sie. „Man könnte glauben, dass ihr schon mal schlechte Erfahrungen mit Hexen gemacht habt.“ „Ja, das haben wir!“, sagt Tina. „Deine Zwillingsschwester Grusilla hat mich in einen Frosch verwandelt und wollte mich kochen!“ „Ach, die alte Grusilla! Hat sie immer noch nicht genug von diesen dummen Späßchen?“

Jetzt bist du dran:

Was stellst du fest, wenn du die Namen Grusilla und Lubilla hörst?

Kennst du noch andere Namen, die sich reimen? Welcher Name reimt sich zum Beispiel auf Hanna? Oder auf Kim?

Lubilla schüttelt den Kopf. „Sie sollte doch wissen, dass ihr Menschenkinder solche Drohungen immer gleich ernst nehmt! Da habe ich ja etwas wieder gut zu machen, für die Familienehre sozusagen. Gut, dass mich der Hase zu euch geführt hat! Ich habe ein Geschenk für jeden von euch. Und dann zeige ich euch den Heimweg. Ihr seid sicher müde!"

Sie greift in ihre tiefen Taschen und fängt an zu kramen. Nach einem großen Knochen, fünf Fledermauszähnen, einem Schlangenlederbeutel und einem seltsam leuchtenden Stein holt sie schließlich die gesuchten Gegenstände hervor.

Jetzt bist du dran:

Woran haben Till und Tina erkannt, dass Lubilla vor ihnen steht und nicht ihre Zwillingsschwester Grusilla? Auf der Seite 84 kannst du deine Antworten überprüfen.

Lubilla gibt Tina eine Sonnenbrille und Till einen Regenschirm. „Damit könnt ihr auch zu Hause ein bisschen zaubern“, sagt sie. „Wenn man die Sonnenbrille aufsetzt, ist es möglich, zwischen Tag und Nacht zu wechseln und sogar die Zeit zurückzudrehen. Mit dem Schirm kann man jedes gewünschte Wetter herbeizaubern. Ihr könnt euch selbst die passenden Zaubersprüche dazu ausdenken.“ „Oh, das ist ja sehr praktisch!“, rufen Tina und Till und bedanken sich bei der Hexe. Till schenkt ihr seinen letzten Kreisel. „Los, kommt! Steigt ins Boot! Es bringt euch ans andere Ufer. Den letzten Bus kriegt ihr noch!“, ruft Lubilla und winkt ihnen zum Abschied. Der Hase schwenkt seine Pfote.

Jetzt bist du dran:

Wann fändest du es praktisch, den Tag zur Nacht machen zu können oder umgekehrt? Wann würdest du das Wetter verändern? Könnte beim Zeitverändern und Wettermachen auch etwas schief gehen?

Das Segelboot fährt langsam los. Till öffnet seinen Regenschirm und sagt: „Auf der Erde kriecht ein Wurm, blas in die Segel, starker Sturm!“ und schon werden sie über den See gepustet. Am anderen Ufer angekommen, entdecken sie schnell einen kleinen Pfad, der zur Bushaltestelle führt. Es wird schon dämmrig, doch Tina dreht die Zeit zurück, indem sie mit der Sonnenbrille auf der Nase spricht: „Tag vergeh noch nicht so schnell, bis der Bus kommt, bleibt es hell!“ Sie steigen ein und obwohl die Sonne gerade erst aufgeht, fallen ihnen vor Müdigkeit die Augen zu.

Jetzt bist du dran:

Fallen dir auch Zaubersprüche ein, mit denen du die Tageszeit oder das Wetter ändern kannst?

Finde Reimwörter auf „Wind“, „Sonne“, „Regen“, „Schnee“, „Tag“, „Nacht“, „Morgen“, „dunkeln“, „Stern“! Du kannst sie dann mit den Reimwörtern auf der Seite 84 vergleichen.

Weil Tina die Zeit zurückgedreht hat, ist zu Hause alles unverändert. Mama, Papa und Bastian schlafen noch, im Haus ist alles still. Kurz darauf klingelt Papas Wecker. Beim Frühstück erzählen Till und Tina von ihren Abenteuern. „Man könnte glauben, ihr hättet das alles geträumt!“, sagt Papa ein wenig skeptisch. Aber Mama zeigt auf die Sonnenbrille und den Regenschirm und sagt: „Da sind die Beweise für eure Geschichte. Ich bin froh, dass sie so gut ausgegangen ist!“ Und sie umarmt Tina und Till ganz fest.

Lösungen

Lösung zu Seite 15:

– Zwei Steine vorn links fehlen.
– Der Spinnenfaden ist länger.
– Der hinterste Pilz hat keine Punkte.
– Das Eichhörnchen trägt eine Kappe.
– Tina hat einen Zopf weniger.
– Der Papierkorb an der Bushaltestelle fehlt.
– In der Stadt fehlt ein Fabrikschornstein.
– Auf dem Kirchturm fehlt der Hahn.
– Hinter dem dritten Baum von rechts schaut ein Hase hervor.
– Dem schaukelnden Eichhörnchen fehlt der Schwanz.
– Ganz oben im Baum sitzt nur noch ein Vogel.

Lösung zu Seite 18:

– Ein Fisch schaut aus dem Maulwurfshügel neben den Kindern.
– Ein Maulwurfshügel sieht aus wie ein Vulkan.
– Ein Wurm ist Lokomotivführer. Im Waggon fährt eine Maus mit.
– Dahinter reitet eine Maus auf einer Schnecke.
– Zwischen den Baumwurzeln schaut ein Schuh heraus.
– Ein Maulwurf klettert den Baum hoch.
– Ein Ast endet als Schlange.
– Ein Apfel wächst nach oben aus dem Ast heraus.
– Ein Specht mit gedrehtem Schnabel hackt ein Loch in den Baum.
– Über ihm sitzt ein Igel auf dem Baum.
– Noch weiter oben winkt ein Ast mit der Hand.

- Ein Baum wächst falsch herum.
- Zwischen seinen Zweigen sieht man den Kopf einer Giraffe.
- Auf dem Weg geht ein Reh mit sechs Beinen.
- Aus der Wiese wachsen Stifte und Pinsel.
- Ein Baum am Wegrand hat ein Gesicht.
- An seinen Zweigen hängen Glühbirnen.
- Eine Tanne trägt Kerzen wie ein Weihnachtsbaum.
- Ein Dromedar mit zwei Köpfen steht hinter der Tanne.
- Hinter dem Baum links neben der Tanne steht ein Teddybär mit einem Geweih.
- Unter den Baumwurzeln ist eine Schatztruhe versteckt.
- An seinem Stamm radelt ein Specht hoch.
- Vor dem Baum fliegt eine Fledermaus mit Sonnenbrille.
- In der Luft fliegt ein Fisch.
- Im Hintergrund wächst ein Riesenkaktus aus einem Blumentopf.
- Ein Hase sitzt vor den Kindern und spricht mit ihnen.

Lösung zu Seite 22:

- Die Hexe hat ein böses Gesicht mit krummer, langer Nase, auf der eine Warze mit Haaren sitzt.
- Sie hat auch noch eine Warze auf der Wange und am Kinn.
- Sie hat blaue Augen und rote Haare.
- Auf ihrem Kopf sitzt ein spitzer schwarzer Zauberhut mit Krempe, an dem eine große Sicherheitsnadel befestigt ist.
- Die Hexe trägt ein grünes Kleid mit einem schwarz-grauen Kittel darüber.
- Der Kittel ist mit roten Knöpfen zugeknöpft.
- In einer Kitteltasche steckt eine Fischgräte, aus der anderen schauen Regenwürmer hervor.
- Aus den Ärmeln und am Kragen schauen weiße Rüschen hervor.
- Als Schal hängt ein toter Fuchs um ihren Hals.
- Sie trägt blaue Strümpfe und lila Stiefel mit gebogenen Spitzen.
- In der Hand mit langen, spitzen, roten Fingernägeln hält sie einen Reisigbesen.
- Auf ihrer Schulter sitzt ein Rabe.

Lösung zu Seite 24:

Schlüssel **1** hängt an einem Haken am Baum vor dem Hexenhaus.
2 liegt im Maul der Löwenskulptur.
3 ist links von Tina an den Gartenzaun gelehnt.
4 hängt vom Baum, der sich vor dem Haus befindet.
5 befindet sich in dem Krug neben dem Baum.
6 liegt auf dem Weg vor dem Gartentörchen.
7 ist an den Brunnen gelehnt.
8 hängt rechts von Till an einem Haken am Gartenzaun.
9 befindet sich zwischen zwei Ästen auf dem Baum vor dem Haus.

Schlüssel Nummer 7 ist Grusillas Haustürschlüssel. Er ist mit dem gleichen Fuchspelz verziert, den Grusilla um den Hals trägt (vgl. Seite 23).

Lösung zu Seite 32:

Schlüssel, Buch, Hose, Kanne

Weitere Zaubersprüche zum Reimen gibt es hier:
„Wenn du Geld brauchst in der Kasse, spucke dreimal in die …“,
„Brauchst du einen Blumenstrauß, frag danach die kleine …“,
„Hüpf auf einem Bein im Keller, und du flickst zerbrochne …“,
„Wenn dein Mann bekommt ’ne Glatze, nimm die Haare von der …“.

Wenn das Reimefinden mit allen Karten noch zu schwierig ist, kann man die Auswahl eingrenzen (natürlich muss das passende Reimwort darunter sein). Die Karten mit den passenden Reimwörtern zu den oben genannten Zaubersprüchen heißen: Tasse, Maus, Teller, Katze.

Lösung zu Seite 36:

Folgende Dinge stehen an einem anderen Platz:

- die grüne Flasche
- die Schere
- der Rührlöffel
- die Teekanne
- die Zahnbürste
- der Becher
- der Totenschädel
- die Pfanne
- die Sichel
- die Gabel
- die Tasse
- die Säge
- die Kerze
- das Messer
- die grüne Gießkanne
- die Sicherheitsnadel
- der Schneebesen
- die Kaffeemühle
- die Fischgräte
- die grüne und die rote Flasche auf dem kleinen Regal

Außerdem ist der Frosch aus seinem Glas gehüpft (der Deckel liegt daneben), der linke Stuhl und der große rote Krug sind umgedreht, die Gardine ist zugezogen, mehrere Schubladen sind aufgezogen und die Maus ist unter den linken Schrank gelaufen.

Lösung zu Seite 39:

Linke Seite (von links nach rechts und von oben nach unten): Elster, Elch, Dachs, Ente, Hai, Uhu, Kuh, Reiher, Goldfisch, Flamingo, Ente (Erpel), Hecht, Affe, Bison, Pinguin, Schaf, Schwan, Igel, Katze, Schwein.
Rechte Seite: Specht, Pferd, Osterhase, Giraffe, Esel, Huhn, Blindschleiche, Vogel, Elefant, (Braun)Bär, Maus, Faultier, Steinbock, Nashorn, Eichhörnchen, Salamander, (Kreuz)Spinne, Marienkäfer, Ameise, Schnecke, Laus. Maus, Katze, Pferd, Kuh, Schwein und Schnecke sind noch halb hinter den Bäumen versteckt. Ameise, Esel, Igel, Osterhase und Uhu sind die fünf Tiere, die mit A, E, I, O und U beginnen.

Lösung zu Seite 42:

Tierbehausungen: Schwein – Stall; Vogel – Nest; Bär – Höhle; Fuchs – Bau; Kaninchen – Bau, Stall; Spinne – Netz, Mauerritze; Frosch – Teich

Lösung zu Seite 44:

Lösung zu Seite 50:

Lösung zu Seite 64:

Till: Turnschuhe, Brille, ein Kreisel um den Hals, Rucksack
Tina: Kugel im Haar, Armband, Weste

Lösung zu Seite 70:

- Lubilla hat ein nettes Gesicht und keine Warzen.
- Sie hat blonde Haare.
- Sie trägt einen Ohrring.
- In ihrem Zauberhut mit kleinerer Krempe steckt keine Sicherheitsnadel.
- Sie trägt ein grünes Kleid mit Karomuster und einen weiten, offenen, schwarzen Umhang darüber.
- Sie trägt einen roten Schal um den Hals, orangefarbene Strümpfe und rote Stiefel.
- An jedem Mittelfinger trägt sie einen Ring. Ihre Fingernägel sind lila und nicht so lang wie die von Grusilla.
- Sie hat keinen Besen.

Lösung zu Seite 74:

- Wind: Kind, Rind
- Sonne: Tonne, Nonne, Wonne
- Regen: legen, Segen, hegen, Degen, fegen, gegen, wegen
- Schnee: See, Fee, Lee, Reh, Tee, weh, Zeh
- Tag: Schlag, lag, mag, sag, trag, wag
- Nacht: Pracht, gedacht, entfacht, sacht, Yacht, kracht, lacht, macht, Schacht, Schlacht, erwacht
- Morgen: Sorgen, borgen
- dunkeln: funkeln, schunkeln, munkeln
- Stern: gern, fern, Kern, lern

Die Karten

Das beiliegende Kartenspiel kann in drei Gruppen aufgeteilt werden: Wortschatzkarten, Reimpaare und Anlautkarten. Die Karten sind jeweils mit einem Punkt in der entsprechenden Farbe (oder mehreren) markiert, sodass Sie vor dem Spielen eine Auswahl treffen können.

alle Karten: Tasse Kasse Maus Laus Schlüssel Schüssel Teller Keller Katze Glatze Kanne Pfanne Kleid Socken Schere Messer Kuh Schuh Sand Band Sonne Nonne Buch Tuch Hose Dose Gabel Kabel Rock Stock Suppe Puppe Löffel Suppenkelle Hammer Klammer Zange Pferd Schwein Schnecke Schraubenzieher Pullover Brot Käse Wurst Schokolade Tortenheber Säge Sandale

Glückskarten: 7 verschiedene Hexen

Wortschatz: Werkzeug (Schere, Hammer, Zange, Schraubenzieher, Säge), Besteck (Messer, Suppenkelle, Gabel, Löffel, Tortenheber), Geschirr (Teller, Tasse, Kanne, Pfanne, Schüssel), Nahrungsmittel (Brot, Käse, Wurst, Schokolade, Suppe), Kleidung (Hose, Kleid, Socken, Rock, Schuh, Sandale), Tiere (Maus, Katze, Pferd, Kuh, Schwein, Schnecke, Laus)

Reimpaare: Hose – Dose; Buch – Tuch; Kanne – Pfanne; Tasse – Kasse; Maus – Laus; Schlüssel – Schüssel; Teller – Keller; Katze – Glatze; Kuh – Schuh; Sand – Band; Sonne – Nonne; Gabel – Kabel; Rock – Stock; Suppe – Puppe; Hammer – Klammer

Weitere Reimwörter können anhand der Illustrationen im Buch gesucht werden: Hose – Dose – Rose; Kanne – Pfanne – Tanne; Maus – Laus – Haus; Schlüssel – Schüssel – Rüssel; Katze – Glatze – Tatze; Sand – Band – Wand; Sonne – Nonne – Tonne; Gabel – Kabel – Schnabel; Rock – Stock – Bock; Puppe – Suppe – Schuppe; Zange – Schlange; Schwein – Wein – Stein – Bein; Schnecke – Säcke – Hecke

Außerdem können Sie natürlich mit Ihrem Kind frei nach anderen Reimwörtern suchen, die nicht bildlich darzustellen sind (z. B. Buch – Tuch – Fluch) oder sich von anderen Bildern zum Reimen anregen lassen.

Anlaute: Der Anlaut, also der erste Laut, der im Wort gehört wird, sollte dem Kind so, wie er im Wort gesprochen wird, angeboten werden, also „S“ und nicht „ESS“, „K“ und nicht „KA“. Nicht die Schreibweise ist wichtig, sondern der Klang – deshalb ist es richtig, „St“ und „Sp“ zu den SCH-Lauten zu zählen.

K (Kanne, Katze, Kleid, Kuh, Keller, Kabel, Klammer),

S (Sand, Sonne, Suppe, Suppenkelle, Socken, Säge, Sandale),

SCH (Stock, Schlüssel, Schüssel, Schere, Schraubenzieher, Schokolade, Schuh)

Weitere Spiele

Die 56 Karten können auch ohne das Buch zum Spielen benutzt werden. Die hier vorgeschlagenen Spiele dienen ebenfalls der Sprachförderung in den Bereichen Wortschatz und phonologische Bewusstheit.

Wortschatzspiel: für 3 bis 5 Spieler

Alle ●-Karten werden gemischt und mit dem Motiv nach unten auf einen Stapel gelegt. Der Kartenstapel wird in die Mitte gelegt. Der jüngste Mitspieler beginnt und zieht eine Karte, ohne sie den anderen Mitspielern zu zeigen. Er muss nun zuerst einen Oberbegriff (wie z. B. „Werkzeug"; siehe dazu Seite 86 oben) finden und dann den Gegenstand (z. B. Hammer) so umschreiben, dass ihn schließlich einer der Mitspieler errät. Dabei muss demjenigen, der umschreibt, so viel Zeit gelassen werden, dass er mindestens zwei Eigenschaften des zu erratenden Gegenstands nennen kann, bevor jemand raten darf. Wer den Gegenstand erraten hat, erhält die Karte und umschreibt den nächsten Gegenstand. Achtung: Wer eine Glückskarte (Hexe) zieht, muss sie nicht umschreiben, sondern darf sie einfach behalten. Dann zieht man erneut. Wenn alle Karten verbraucht sind, zählt jeder seine Punkte: Jede Karte zählt 1 Punkt, jede Glückskarte 2 Punkte. Gewonnen hat derjenige, der die meisten Punkte hat.

Reimspiel: für 2 bis 5 Spieler

1. Alle ●-Karten werden aussortiert, gemischt und verdeckt nebeneinander auf den Tisch gelegt. Abwechselnd darf nun jeder Mitspieler zwei Karten aufdecken und, falls er ein Reimpaar gefunden hat, wegnehmen. Er ist dann ein zweites Mal an der Reihe. Reimen sich die beiden Wörter der aufgedeckten Karte nicht, müssen die Karten wieder umgedreht werden und der Nächste ist an der Reihe. Jeder versucht sich den Platz der wieder umgedrehten Karten zu merken, falls er irgendwann die Karte mit dem passenden Reimwort aufdeckt. Wer am Ende die meisten Reimpaare hat, hat gewonnen.

2. Variante: wie 1., aber von zwei aufgedeckten Karten wird nur die letzte wieder umgedreht. Die erste bleibt offen liegen. Wenn der passende Reimpartner aufgedeckt wird, bekommt derjenige das Paar, der als Erster auf die offen liegende erste Karte geschlagen hat.

Anlautspiel: für 3 bis 5 Spieler

1. Ein Laut wird ausgewählt, z. B. das SCH. 18 Karten, darunter alle SCH-Karten (die übrigen Motive werden frei gewählt), liegen gemischt in zwei bis drei Reihen aufgedeckt in der Mitte. Der Spielleiter erzählt eine erfundene Geschichte, in der die Motive der Karten vorkommen. (Bei den SCH-Bildern kann er das SCH besonders dehnen, um es hervorzuheben.)
   Wenn ein SCH-Bild genannt wird, greifen alle Mitspieler so schnell wie möglich nach der entsprechenden Karte. Wer bei einem anderen Laut zugreift oder eine falsche Karte zieht, muss diese als Minuskarte auf die Seite legen. Alle Karten mit SCH-Bildern zählen als Pluspunkte, von denen am Ende die Minuspunkte abgezogen werden. Der Spieler mit den meisten Punkten ist Sieger.

... für 2 (fortgeschrittene) Spieler

2. Die Karten werden so aufgeteilt, dass jeder Spieler einen gleich hohen Stapel mit verdeckten Karten vor sich liegen hat. Beide Spieler drehen zur selben Zeit die oberste Karte um. Beim Umdrehen der Karten ruft man im gleich bleibenden Rhythmus „Klipp“. Sieht man dann, dass der Gegner ein Bildmotiv aufgedeckt hat, welches mit demselben Anlaut beginnt wie das Bildmotiv seiner eigenen Karte, ruft man schnell „Klapp“. Wer zuerst „Klapp“ ruft, darf sich den offenen Stapel des Gegners nehmen und unter seinen Stapel mit den verdeckten Karten legen. Wer am Schluss alle Karten besitzt, hat gewonnen.

Wie lernt ein Kind sprechen?

Obwohl die grundlegende Fähigkeit zur Sprache angeboren ist, tragen viele Aspekte dazu bei, dass ein Kind tatsächlich sprechen lernt. Das sind zum einen äußere Faktoren: z. B. die Art, in der in der Familie miteinander gesprochen wird, wie dem Kind bei seinen ersten Sprechversuchen begegnet wird oder wie dem Kind zugehört wird. Zum anderen sind es aber auch innere Faktoren, wie die Wahrnehmung und Verarbeitung all dessen, was ein Kind erfährt, erlebt und mitgeteilt bekommt. Das Kind lernt sprechen, indem es zuerst die Worte seiner Bezugspersonen verstehen lernt und dann eigene Versuche unternimmt, sich mitzuteilen. Je mehr es ausprobiert, mit allen Fehlern, die dabei gemacht werden müssen, je mehr es die Wirkung seiner Worte auf seine Umgebung entdeckt und je mehr Spaß es ihm macht, mit Sprache auch zu spielen, desto größer ist die Wahrscheinlichkeit, dass es zu einem kompetenten Sprecher wird. Erst der aktive Sprachgebrauch, nicht das Hören von Sprache allein, führt dazu, dass Sprache sich entwickelt.

Tipps zum sprachfördernden Verhalten finden Sie auf den Seiten 93 bis 94. Viele dieser Tipps sind entstanden, weil Eltern es den LogopädInnen und SprachtherapeutInnen immer schon vorgemacht haben, wie sie ganz ohne Ausbildung Sprache fördern. Andere wurden aufgrund der Fragen von Eltern entwickelt, die ihr Kind noch intensiver fördern wollten. Hier sind alle diese Vorschläge zusammengefasst, damit Sie sich davon anregen lassen können, zusammen mit Ihrem Kind die Welt der Sprache zu entdecken.

Wie werden Wortschatz und Grammatik gefördert?

Über das Anregen der Erzählfreude hinaus gibt es in diesem Buch Aufgaben, die Wortschatz und Grammatik fördern. Ihr Kind lernt, Dinge zu benennen, verschiedene Gegenstände zu Gruppen (Wortfeldern) zu ordnen, Überschriften (Oberbegriffe) für Wortfelder zu finden und kleine Wörter, die für die grammatische Entwicklung wichtig sind, richtig zu gebrauchen (z. B. Präpositionen: in, an, auf, unter, über, hinter, neben ...).

Was ist „phonologische Bewusstheit"?

Einige Aufgaben dieses Buches sollen die „phonologische Bewusstheit" Ihres Kindes fördern, d. h. Ihr Kind soll (auch schon im Vorschulalter) Fähigkeiten erwerben, die ihm das Lesen- und Schreibenlernen erleichtern. Noch mehr als für den mündlichen Sprachgebrauch ist es für den Schriftspracherwerb notwendig, formale Eigenschaften der Sprache zu entdecken und zu verstehen. Konkret werden folgende Bereiche trainiert: Hörmerkspanne, Laute heraushören (zu Beginn vor allem den Anlaut, also den ersten Buchstaben des Wortes), Laute unterscheiden, Reime erkennen, die Silbenzahl eines Wortes klatschen, Wörter vervollständigen. Auch das Gedächtnis wird in verschiedenen Merkaufgaben gefördert.

Tipps für sprachförderndes Verhalten

Ihr Kind bekommt Lust zu sprechen (und lernt dabei, es immer besser zu tun), wenn Sie

- Interesse daran zeigen, was das Kind Ihnen mitteilen will, und dabei nicht auf der korrekten Form des Gesagten bestehen
- Sprachschwierigkeiten nicht zu viel Gewicht geben
- es nicht ausfragen: „Wie war's denn heute im Kindergarten?", sondern warten, bis es von sich aus Lust zum Erzählen hat
- es ausreden lassen und nicht unterbrechen
- stille Zeiten des Kindes akzeptieren und ihm Raum zum Verarbeiten des Erlebten lassen
- es nicht vorführen: „Sag doch der Oma mal, was du schon Neues gelernt hast!"
- es nicht nachsprechen lassen oder korrigieren: „Das heißt nicht Sogel, sondern Vogel. Sprich mal nach: Vvvvvogel!"
- dem Kind zeigen, dass es ernst genommen wird, und Sie nicht über seine Fehler lachen oder sie niedlich finden
- das Sprachniveau des Kindes berücksichtigen – weder Babysprache noch lange komplexe Sätze benutzen, sondern immer einen kleinen Schritt voraus sind
- älteren Geschwistern und Großeltern nahe legen, sich ebenfalls sprachfördernd zu verhalten

- selbst Spaß an Sprache haben: eigene Handlungen kommentieren, eine Quatschsprache erfinden, Sprachspiele und Reime benutzen, interessante Geschichten weitererzählen
- Vorlese- oder Erzählzeiten ansprechend gestalten, z. B. in einer Kuschelecke, auf Mamas Schoß oder gemeinsam im Bett
- beim Vorlesen die Figuren lebendig werden lassen: in die Rollen schlüpfen und den Stimmklang jeder anpassen
- das Kind nicht mit zu viel Sprache überfallen, sondern auch gemeinsam schweigen können
- das Kind an Entscheidungen beteiligen, für die Argumente gesucht werden
- Zeiten schaffen, in denen ein Kind Mama/Papa für sich allein und Raum zum Erzählen hat, z. B. vor dem Einschlafen am Bett
- mit dem Tipp beginnen, der Ihnen am wichtigsten erscheint

Bücher und Spiele

Bettelheim, B.: **Kinder brauchen Märchen,** Deutsche Verlagsanstalt 1977

Bindel, R.: **Förderung der Sprachentwicklung durch das Dialogische Bilderbuchlesen,** Internet-Skript Uni Hannover 2002

Böseke, H.: **Geschichtenzirkus,** Kallmeyer 1999

Butschkow, R.: **Da stimmt doch was nicht,** Baumhaus 2001

Butschkow, R.: **Was stimmt denn da nicht?,** Baumhaus 2004

Keilmann, A.: **So lernt mein Kind sprechen,** Midena 1998

Landa, N./Türk, H.: **Bei Maus zu Haus,** Fleurus 2001

Landa, N./Türk, H.: **Maus außer Haus,** Fleurus 2003

Linden, S.: **Sprich mit mir,** Pestalozzi 1997

Müller-Mees, E.: **Es fragt die bunte Kuh: „Wer bist denn ...?“,** Urania 2002

Pighin, G./Sillaber, M.: **Kinder lernen sprechen,** Pattloch 1993

Portmann, R./Schneider, E.: **Mit Sprache spielen,** Don Bosco 1997

Steiner, J.: **Ich sehe was, was du nicht siehst,** Esslinger 1999 (Band 1) und 2000 (Band 2)

Das kleine Känguru, HABA 2004

Spielhaus, ProLog 2006

TwinFit, ProLog 2004/2005